CB015647

DIVALDO FRANCO
PELO ESPÍRITO IGNOTUS

PANORAMAS DA VIDA

Salvador
6. ed. – 2020

©(1970) Centro Espírita Caminho da Redenção – Salvador, BA.
6. ed. – 2020
500 exemplares (milheiro: 17.500)

Revisão: Lívia Maria Costa Sousa
        Plotino Ladeira da Matta
Editoração eletrônica e montagem de capa: Marcus Falcão
Capa: Cláudio Urpia
Coordenação editorial: Lívia Maria Costa Sousa
Produção gráfica:
        LIVRARIA ESPÍRITA ALVORADA EDITORA
        Telefone: (71) 3409-8312/13 – Salvador (BA)
        Homepage: <www.mansaodocaminho.com.br>
        E-mail: <leal@mansaodocaminho.com.br>

Dados Internacionais de Catalogação na Publicação (CIP)
(Catalogação na fonte)
Biblioteca Joanna de Ângelis

F825	FRANCO, Divaldo Pereira. *Panoramas da vida*. 6. ed. / Pelo Espírito Ignotus [psicografado por] Divaldo Pereira Franco. Salvador: LEAL, 2020. 128 p. ISBN: 978-65-86256-06-2 1. Espiritismo 2. Psicografia 3. Mensagens psicografadas I. Franco, Divaldo II. Título CDD: 133.93

Impresso no Brasil
Presita en Brazilo

SUMÁRIO

PANORAMAS DA VIDA

A cada instante da Vida somos defrontados pelas realidades íntimas, vitalizadas demoradamente, que surgem e ressurgem denunciando nossas aparências e convidando-nos a longas reflexões.

Toda atitude mental produz um condicionamento que hoje ou depois se revela, desnudando-nos.

Escrevemos, assim, a história dos nossos dias através do comportamento físico, mental ou moral que nos permitimos. Em todas as circunstâncias a vida sempre nos surpreende com as lições de que temos necessidade, abrindo trilhas para os nossos pés, em panoramas compatíveis, na direção do futuro.

Cumpre, desse modo, não desconsiderarmos as responsabilidades que assumimos perante a consciência, no sentido de elaborar a felicidade que almejamos, evitando delinquir, por mais propícias nos pareçam as ocasiões de compactuar, promover ou ser instrumentos de erros.

Caminhamos pelas rotas que nós mesmos abrimos.

O hoje reflete o ontem e o amanhã será sempre resultado do hoje.

Pensar e agir com retidão são normas de segurança. Dentro da vida somos o que pensamos, traduzindo na atualidade as realizações das existências pregressas.

❖

Ignotus, o amigo espiritual que escreve o presente opúsculo, recolheu da experiência de infatigáveis lidadores da Seara Espírita no Brasil e de outras vidas alguns lances expressivos e trasladou-os para o papel com o salutar objetivo de advertir e elucidar, contribuindo cristãmente com o seu "grão de mostarda" depositado no fértil solo da Era Nova do Espírito Imortal.

São experiências que se transformam em lições, edificando outras vidas.

Instantâneos de vidas.

Vidas que retratam sabedoria.

Vidas que promovem e libertam o homem.

Vidas em outras vidas.

Vidas inspiradas na Vida de Jesus.

Meditemos nas suas lições simples e desataviadas, vazadas em conceitos formosos à luz do Espiritismo, e aprendamos com Ele a fixar no recesso da alma a lição viva e atuante do bem sem limite e do amor incessante, a benefício da nossa tranquilidade.

Joanna de Ângelis

SALVADOR, 2 DE JULHO DE 1970.

1
REI SINGULAR

Sim. Israel aguardava um rei.
Orgulhoso que se fizesse detestado.
Intimorato que ficasse temido.
Cruel como os potentados da época.
Insensível à dor alheia como as pedras do Templo.
Poderoso que esmagasse todos os reinos da Terra.
Ambicioso a ponto de fazer Jerusalém a capital do mundo.
Hábil na dissimulação.
Nobre na linhagem de casta e raça.
Astuto na arte da guerra.
Servidor da Lei antiga, propenso às intrigas do Sinédrio; que sacrificasse animais em holocausto a Deus, demorando-se em abluções e aparentando respeito à Fé...
Generoso para cada judeu, oferecendo a cada tribo um reino de triunfo, mesmo que perecível finasse na urna fria do túmulo.

❖

E Ele veio.

Humilde, porém, como servo de todos.

Simples e acessível.

Compassivo para as dores do mundo.

Desprovido de qualquer poder terreno.

Sem pretensão de qualquer natureza, senão o desejo de servir ao próprio Pai.

Honesto como a verdade.

Nascido em estábulo.

Traído pelo beijo de um devotado amigo.

Sábio e discreto como jamais outro homem houvera.

Oferecendo um reino a cada homem que se dispusesse a encontrá-lo sem aparências exteriores, no íntimo da própria alma.

Fez-se um rei diferente.

❖

Não poderia ser amado.

Nem compreendido.

A austeridade não agrada.

O dever não se mancomuna com a ociosidade e o crime.

Paradigma do amor, não se ligaria às correntes do ódio que até hoje ligam os maus aos males de todos os tempos.

Seu lugar não era no mundo.

Deveria passar, como passou, qual luminoso astro desconhecido deixando na treva espessa um rastro de luz a perder-se no Infinito.

❖

Meu irmão.

Não houve lugar para Ele entre os homens. Nem os seus O reconheceram...

Também não haverá lugar na Terra para ti se O segues resoluto.

Não te detenhas, porém. Como Ele próprio, faze todo o bem e segue no rumo da Imortalidade.

José Petitinga

2

PROBLEMA DE CRENÇA

Terminara José Petitinga a pregação domingueira, na sede da União Espírita Baiana, quando jovem acadêmico de medicina lhe disse:

— A sua preleção foi comovente! No entanto, eu não acredito na imortalidade da alma...

Convidado inesperadamente a tema tão palpitante, o venerável servidor do Espiritismo, nas terras da Bahia, respondeu:

— Apesar disso, a alma é imortal. Toda a Natureza atesta a imperecível jornada do elemento espiritual que tudo vitaliza e transforma nos braços longos do tempo.

Algo cheio de embófia, retrucou o moço:

— Entretanto, dissecado um cadáver, em seleção de uma peça anatômica, ninguém, ali, jamais encontrou o Espírito.

— E é muito natural – ratificou Petitinga –, pois que o Espírito ali não mais está...

— Mas isto é evasiva – reagiu o moço com o olhar brilhante. – Eu somente acreditaria no Espiritismo se o senhor me desse uma prova da existência do Espírito. Enquanto isso...

O pregador das verdades eternas meditou um pouco e, como desejasse encerrar a improdutiva entrevista, concluiu delicadamente:

— Meu filho, também eu deixaria de acreditar no Espiritismo se você, com toda a sua jovem cultura, desse-me uma prova da inexistência do Espírito.

E continuou, calmamente, a atender aos demais companheiros que lhe solicitavam a sabedoria e a reconhecida bondade.

3
CONSELHO E CONSELHEIRO

—**M**antenha a confiança! A morte não é o fim. Além do sepulcro, desdobra-se a estrada enflorescida onde vibra a Vida verdadeira.

— *Graças... a Deus!... Confio que... depois de... tantas dores... encontrarei... a paz...*

— Felizes os que creem. Quem me dera fosse eu o chamado de agora. Espere-me na aduana...

(Um sorriso feliz).

— *Encontrar-nos-emos! Pai-nosso que estais nos céus...*

❖

— Senhor, dilate os meus dias na Terra. Desejo servi--lO mais. Conceda-me tempo, mais algum tempo. Tenho tanto que fazer ainda!...

— Não tema! Desde há muito aguardo por você (responde-lhe doce voz na mente).

— Não posso! Não! Não quero morrer agora. É cedo!

— Mas você viveu cinquenta anos! Meio século! É chegado o momento. Confie!...

— Não... não posso... não... não...

❖

Guarde a precaução quando aconselhar.

A palavra que hoje você oferece, consolando, amanhã retornará aos seus ouvidos.

Ensine e pratique.

Pregue e viva.

O dia de hoje é começo do dia de amanhã.

A aflição que atormenta alguém baterá, mais tarde, às suas portas.

Aconselhe, porém cuide de você também.

4
OPINIÃO

— A solução do problema da mendicância pertence ao governo.

— Mas, senhor, estou doente e esfomeado. Ajude-me, pelo amor de Deus!

— Isto, porém, não resolve. Atendo-o agora, mas e depois? Só uma organização tecnicamente montada pelo poder público poderá solucionar a degradante situação dos mendigos.

— Todavia, enquanto os senhores deputados discutem, eu morro à míngua...

— Vá ao governador, à Legião Brasileira de Assistência... Insista, desperte essa gente! Movimente-se!

— Já estive em toda parte. Ajude-me, senhor! Não posso mais...

— Infelizmente, dar esmolas é contra os meus princípios. Sou um homem muito austero e conservador. Não farei. Não posso!

Respirando a dificuldade, o enfermo se afastou, remoendo a própria aflição.

❖

Enquanto isso, o teorizante da assistência bem organizada recolheu-se aos seus aposentos confortáveis, clamando contra a indiferença de todos ante chaga tão vergonhosa. Era deputado federal.

5

PRISIONEIROS

Suspeito quanto ao meu próprio mal. Sinto-me, porém, miseravelmente traído pela empáfia médica. Acompanho o curso da doença que me aniquila, lentamente, desde as primeiras manifestações e não posso negar o desespero que me consome. Gostaria de um diagnóstico elucidativo que me permitisse, cada dia, seguir o processo ou a regressão da enfermidade. Saberei consultar livros, esmiuçar informações, canalizar conhecimentos... Preciso, porém, de opiniões seguras, esclarecimentos mais positivos... Requisitarei enfermeiros assistentes e estarei vigilante... Submeter-me-ei ao mais rigoroso tratamento, guardarei o leito, submisso... Necessito de conselhos e medicamentos... As dores desarticulam as minhas esperanças... Que fazer?

— Orar! Procure a terapia da prece...

— Por que orar? A oração virá depois. No momento...

— Só a prece poderá lenir-lhe as dores. Você já transpôs a aduana da morte. Todavia, continua prisioneiro das sensações do vaso que gastou impensadamente. Ore, pois, e sem cessar...

❖

Há prisões sem paredes mais vigorosas do que os cárceres de barras de ferro.

Prisioneiros das sensações físicas se demoram na mesma condição além do túmulo, consoante viveram.

A morte é somente mudança de posição vibratória.

Guarde a paz e aja como se estivesse usando o último dia da jornada, preparando-se para a libertação.

6
NEM SÓ PALAVRAS...

Neiva, o doutrinador espírita, pregando, modulava a voz como se tivesse a música dos anjos escondida na garganta vibrante.

As palavras fluíam pelos seus lábios, fáceis e balsamizantes, como gotas cristalinas a se derramarem em pleno coração da Natureza.

Por isso mesmo era o excelente expositor dos momentos festivos.

Anunciado o seu nome, lotavam-se os auditórios, onde, bem postos, os ouvintes se deleitavam com a prosódia escorreita, a frase bem burilada e as construções poética de rara beleza.

Inteligente, defendia teses, impunha conceitos, oferecia a última palavra.

Pregava a caridade com que o Espiritismo se engrandece e exercitava a psicofonia nas sessões práticas de socorro aos desencarnados...

Acreditava-se um espiritista perfeito.

Desencarnado – informava – não retornaria à Terra. Merecia esferas de trabalho mais elevado, onde seus dotes recebessem a devida consideração. Cercado de comensais da vaidade, inflava de orgulho. Dizia-se missionário...

❖

Sala modesta, alguns velhinhos, dois obsidiados bulhentos.

O doutrinador é aguardado com emoção.

À porta de entrada, Neiva é recebido entre abraços e sorrisos.

Contemplando, porém, o auditório de bancos rústicos e assistentes humildes, o orador não se contém:

— Incomodar-me para vir falar a "essa gente"? Não sou o orador para eles...

E resmungando, colérico, afasta-se do Centro Espírita, demandando a agradável biblioteca, no lar, onde faz pesquisas e estuda...

❖

Poucos decênios mais tarde, envelhecido e esclerótico, cego e sem rumo, desprende-se da carne o hábil orador, assistido por devotada ama, que recomenda, chorosa:

— Coragem, doutor! A vida continua... O senhor não dizia...

❖

Se a palavra espírita enfloresce teus lábios como centelha que ateia incêndios vorazes, vigia e ora.

Palavras sem ação podem ser comparadas a ecos...

Transforma o verbo que te escorre dos lábios em ação que nasça no íntimo, fixando na mente o Incomparável

Mestre que, depois de falar a quase cinco mil ouvintes, não se esqueceu de oferecer-lhes pães e peixes, refugiando-se, depois, no silêncio da oração para haurir forças, em comunhão com o Pai, a fim de prosseguir na obra da redenção começada na estrebaria modesta que lhe serviu de berço...

7
DESEQUILÍBRIO

Era respeitável dama da sociedade.

Perdera o filhinho de cinco anos, em lamentável acidente rodoviário.

Desde então se revoltara.

Não voltaria a ser mãe.

Depois da chegada do primogênito, resolvera submeter-se a delicada intervenção cirúrgica, libertando-se, definitivamente, do *perigo* de uma nova concepção.

Agora, entregava-se às lágrimas, vivendo o drama dos desesperados.

Com a dor, fizera-se má.

— Socorra-me, senhora! Serei mãe dentro de alguns dias. Conceda-me o lugar de serva na sua casa.

— Impossível!

— Como viverei depois? Mais do que antes necessito do emprego. Meu filhinho vai nascer...

— Que me importa? O filho é seu e seu é o problema. Não esperarei. Contratarei outra servente desimpedida.

❖

O pequenino, ao nascer, não era robusto. Necessitava de cuidados, alimentação, assistência competente. Ao terceiro mês, desencarnou, enlutando o coração da pobre mãe.

❖

Despertou suada e trêmula.

Sonhara com o filho, como se vivesse os antigos dias de felicidade com ele.

O pequeno admoestava-a.

Amaldiçoava-lhe o nome.

Chamava-a assassina.

Ia retornar – afirmava. Voltaria outra vez aos seus braços, utilizando-se da serva humilde que ela enxotara do lar, relegando-o, assim, à doença impeditiva e à morte.

8

LADRÃO

Surpreendi-o, miserável! Meu próprio empregado a roubar-me. Em que terra nós estamos?

— Perdoe-me, senhor! Tenha piedade! É a primeira vez... Não pude evitar...

— Cínico! Primeira vez, hein!?

— Juro, meu senhor! Juro pelo que há de mais sagrado.

— Mentiroso! Ladrão e mentiroso!

— Tinha necessidade. Minha esposa está mal e meu filhinho recém-nascido, na incubadeira do hospital, exige assistência custosa.

— E por que não procurou um hospital de indigentes? Afinal, não será com o meu dinheiro, que você rouba, que vai permitir luxos e extravagâncias à sua mulher.

— Tenha piedade! Foi um momento de irrefreável loucura...

— Surpreendi-o em flagrante e não posso adivinhar desde quando me vem você dilapidando o patrimônio que reuni com tanto sacrifício e honradez.

— Repito: é a primeira vez. A primeira vez, oh, meu Deus!

— Vou entregá-lo à polícia. Acerte lá com o delegado. Devo fazer justiça e cumprir a lei.

❖

— Esta é a escrita oficial. Est'outra é a real. Como o senhor verificará, o lucro do corrente ano apresenta um superávit inesperado.

— E que economia com o imposto de renda!

— Claro! Para isto sou perito contador e hábil na arte de sonegar...

— Sim. Sonegação!... É quase lícita a nossa operação. Afinal o governo nada nos dá e tudo nos toma. Se fôssemos pagar o imposto referente aos lucros reais, seria candidatar-nos à mendicância.

— E o senhor, apesar disso, paga uma soma muito grande, graças à declaração que faz, considerando-se que outros sonegam qualquer lucro, apresentando, em cada ano, prejuízos imaginários.

— Claro! Eu sou um homem honesto!

❖

A sabedoria da Divina Lei determina que todo dilapidador seja dilapidado.

Cumpra, assim, com o seu dever. Mesmo que você seja uma singela expressão de honra no *oceano* das misérias sociais.

Cada um desperta no clima mental em que situou a consciência, e não no horizonte colorido da opinião alheia.

Abra os olhos à verdade e siga fiel.

9

CURIOSIDADE ATENDIDA

Desejo saber a verdade. A verdade pura e simples.
— Que importa saber o nome da enfermidade! Siga a prescrição médica, repouso... A Ciência, diariamente, faz descobrimentos surpreendentes.

— Diga-me, por favor, o meu diagnóstico. Estou preparado...

— Ainda não tenho a certeza. É conveniente esperarmos um pouco mais. A biópsia esclarecerá tudo. No entanto, não se alarme. Os tratamentos, cada dia, renovam-se, drogas surgem a cada momento.

— E será tão grave?

— Todo mal é grave quando não cuidamos. A cirurgia, o rádium, o cobalto fazem milagres...

— Sou homem de fibra; estou resignado a meu destino. Por favor, qual o meu mal?

— Câncer, meu amigo! Osteossarcoma do maxilar...

— Doutor, eu não aguento!...

❖

A mente em desalinho é enfermidade mais grave do que outra qualquer. Ela é o problema do Espírito, em cujas fontes nascem todos os males.

Cuide da alma, procurando a verdade sobre a Vida maior, esse desconhecido País, aonde inevitavelmente você chegará, logo mais.

Prepare-se de tal modo que nada o apavore.

Quem tem um encontro marcado com Jesus Cristo nada teme, nada anseia, além da união com Ele.

10
REAÇÃO

Contam que o Dr. João dos Passos, eminente espírita, encontrava-se em Cambuquira, no Estado de Minas Gerais, quando, certa noite, percebeu que alguém se adentrou pela intimidade do lar, através da janela aberta da sala, e surrupiou-lhe a calça que tinha alguns pertences e que se encontrava sobre uma cadeira.

Surpreendido pelo missionário da bondade, o larápio saltou, célere, o peitoril do baixo obstáculo e desapareceu na noite em desabalada correria.

Seguindo-o, aos gritos, o servidor da Verdade atraiu alguns amigos que o seguiram, sem, contudo, lograrem deter o ladrão.

Retornando ao lar com o semblante sulcado por funda decepção, os amigos perguntaram ao venerando seareiro:

— Ora, Dr. João dos Passos, também com a algazarra que o senhor fez! O senhor esperava que o ladrão retornasse, ao dizer-lhe apenas que voltasse cá, como estava a fazer?

— Como não?! – redarguiu o sacerdote da medicina.

— ?!

— Eu desejava – arrematou, dizendo – entregar-lhe o paletó também, porque a calça apenas não lhe servirá de muito. Já que ele precisa mais do que eu, pensei em entregar-lhe o conjunto completo.

Os amigos sorriram, meneando a cabeça...

"Dar a manta a quem pede também a capa" é lição muito grave desafiando os nossos códigos de bondade até hoje, desde os dias de Jesus.

Há, no entanto, alguns raros Dr. João dos Passos que, por amor ao bem, teriam a reação de dar muito mais.

11

FASCINAÇÃO

—**P**or fim nos encontramos – disse o espiritualista paramentado, com respeitável acento. – Eu sabia que você estava reencarnado, porém não experimentara ainda o júbilo de reencontrá-lo. Permita-me abraçá-lo.

— Muito obrigado! – retrucou o outro.

— Ouvi a sua mensagem e estou fascinado. Você fala sobre Jesus, como alguém que O tenha conhecido.

— Sucede que eu O conheço...

— Como eu pensava! Exatamente como eu pensava!

— Sim, depois que lemos o Seu Evangelho passamos a conhecê-lO.

— Apraz-me, então, confiar-lhe a visão que tive. Enquanto você falava, eu vi o Mestre aqui presente, que me disse: "Esse é o meu discípulo amado, em quem confio" e o apontava. Que me diz?

— Quanto ao Mestre ter estado aqui, não me surpreende, pois que Ele está sempre presente onde O chamamos, quando nos reunimos em Seu nome... No entanto, parece-me absurda a mensagem, em se referindo à minha pessoa. Revelações dessa natureza...

— Ainda não terminei. Como eu estou seguramente informado de ser João Batista, que voltou agora, em missão de desdobramento do Evangelho, na Terra, muito me felicito por ter diante de mim João Evangelista igualmente renascido...

— Não existe dúvida, meu amigo, que há um lamentável equívoco. Não sou a reencarnação do *discípulo amado*, nem poderia sê-lo, tendo em vista a minha condição de Espírito muito endividado. E quanto ao senhor ser o *Precursor*, também não creio que exista o menor fundamento, pois que o Espírito não retrocede... Perdoe-me, mas as questões do Senhor devem ser cuidadas com seriedade, sem alarde, sem presunção. Os Espíritos Excelsos quando se reencarnam, em missões de relevo na Terra, sabem apagar-se, fazendo-se identificar pelos atos e sacrifícios de suas vidas, nunca pelas palavras do empavonamento humano.

Cuidado com a fascinação!

O autodeslumbramento é sinal vermelho de alarme.

Melhor será que não saibas do pretérito e sejas atuante no presente, a ostentares um nome pomposo do passado, conservando o Espírito anestesiado pela fatuidade.

12
DESESPERO

Pisoteada, involuntariamente, no transporte coletivo, por invigilância de um passageiro, a dama religiosa feria com a *lâmina da língua*.

Xingava.

Reclamava.

Chorava.

Não se vendo repelida, desabafou:

— Covarde! Nem sequer se desculpa. Se eu fosse um homem...

Mas, fitando, encolerizada, o agressor inconsciente que se demorava silencioso, percebeu que o seu antagonista era surdo.

13
DOENÇA

Sei que estou doente. Requeiro, assim, o socorro dos benfeitores espirituais, através dos passes. Guardo aflições, dói-me o corpo, ando perturbado...

— Aguardemos a sessão. Nossos serviços da noite de hoje são dedicados aos sofredores.

❖

— Sinto-me mal! Arde-me a cabeça, estou banhado de suor; parece que vou ter uma *coisa*...

— Mas não *sinto* influências espirituais a perturbar--lhe. Você preparou-se para a sessão?

— Sim. Orei, meditei...

— Alimentou-se frugalmente?

— Não. Infelizmente, jantei duas vezes. Estive num aniversário.

❖

Embora o câncer e as enfermidades cardíacas apresentem altos índices obituários, a *garfite* ainda é a doença mais grave nos quadros orgânicos.

Ou o homem controla o garfo ou o garfo limita os homens...

Guarde-se no equilíbrio alimentar.

Ore e medite antes das sessões espíritas de socorro, mas também cuide do estômago, deixando-o livre e feliz a respeito dos excessivos embaraços gástricos.

João Leão Pitta

14
TOLERÂNCIA

João Leão Pitta, o excelente pregador espírita português, concluíra a emocionante exposição doutrinária sobre a tolerância, no singelo auditório repleto de gentes simples, constituídas de camponeses modestos, deixando emoções de júbilo, esperança e compreensível encantamento em todos.

Antes que o diretor dos trabalhos encerrasse a memorável reunião, atormentado médium que se encontrava no recinto persignou-se e, dirigindo-se ao evangelizador inspirado, começou por referir-se aos conceitos emitidos, não conseguindo, no entanto, lobrigar a necessária fidelidade na repetição dos ensinamentos.

Escutando-o atenciosamente, o velho lidador, após demorada espera, já cansado, num momento de invigilância, deixou-se irritar ante a arenga infindável, que estava descolorindo e adulterando os nobres ensinos antes expostos, solicitou, intempestivo, ao presidente do centro, que a tudo assistia impassível:

— Faça este homem calar-se, por favor!

Ante a estupefação geral, o diretor, simplório, levantou-se e, solicitando silêncio do obsidiado, visivelmente incorporado, concluiu:

— Veem, meus irmãos, o nosso Pitta falou por uma hora e meia sobre a tolerância, mas ainda não a consegue manter por pouco tempo...

❖

Foi, segundo o pregador das Verdades eternas que nos narrou o fato, a mais vívida e eloquente experiência sobre a tolerância de que participara, nunca mais a esquecendo e incorporando-a ao patrimônio da vida.

A tolerância desculpa e ajuda, é paciente e resiste ao mal que chegue procedente de qualquer direção. Fraternal, não se irrita nem se estiola, permanecendo afável e gentil em todas as circunstâncias.

Experimenta lecioná-la no curso do teus dias, vivendo-a, porém, no roteiro dos teus minutos como diretriz de segurança nas paisagens da tua vida.

15

PALAVRAS

Sou uma apaixonada pelo *Sermão da Montanha*, cantado por Jesus. É a mais bela peça literária da Humanidade. Que poesia, quanta musicalidade! Comovo-me com a tecedura das bem-aventuranças...

— Também eu. O Cristianismo, para mim, está todo sintetizado nesse canto imperecível da poemática universal.

— Guardei-o de memória. Quando Mateus o narra, parece-me escutar a sinfonia do Cantor Galileu misturada à brisa festiva da paisagem que serviu de pauta para os sons maviosos e de moldura para o quadro inapagável.

— Mas você é poetisa. Como o descreve! Parece que os seus ouvidos escutaram a mensagem de Jesus.

— Sim, amo a poesia, amo Jesus. Ele me domina, arrasta-me o Seu verbo e seguram-me Suas lições. Amo os Seus ditos e os Seus silêncios...

— Que imagem! Os silêncios de Jesus... Parabéns!

❖

— Ajudar as mães solteiras, dar-lhes enxovais? Essa não! Se são pobres, que se respeitem e mantenham a dignidade. Ora essa: ninguém tem culpa de ser pobre, mas essa classe de mulheres que se entregam com tanta facilidade não pode ser estimulada à corrupção. Esse é um problema de polícia. Chaga social que empesta a Terra. Não, não ajudo! Essa gente degenerada...

Assim reagiu à solicitação de uma dama espírita generosa, a poetisa cristã, que se encantava e sabia de memória o *Sermão da Montanha*.

❖

Registra na mente os conceitos do Evangelho. Guarda-os, porém, no coração, de modo que possas deles dispor e aplicá-los santificados na direção do teu próximo com o auxílio das tuas mãos.

Jesus é o Poeta Excelso, sem dúvida, mas é o Amor atuante por excelência em todas as horas.

16
PRESSA E DEVER

—**M**amãe, deixe-me ficar em casa hoje. Estou com *saudade* de você.

— Nada de pieguices. Não me venhas com tapeação. Irás à escola. Era só o que faltava. Saudades de mim!... Criança tem cada manha...

— Estou com dor de cabeça, mãezinha, com tonteiras. Deixe-me ficar em casa hoje com você.

— Mesmo doente, seguirás à escola. Vou dar-te um analgésico; eu conheço essas doenças.

O diálogo se alongou um pouco mais.

As atividades da manhã, porém, absorviam a dona da casa, e ela não pôde observar melhor o filho.

Mandou-o à escola e, choramingando, a criança se foi.

❖

A professora se apresentou perplexa.

— Senhora, tudo foi tão rápido! À hora do recreio ele disse que não estava bem. Notei-o muito pálido e levei-o ao gabinete do diretor. Tremia, tinha frio e subitamente desmaiou. Chamado o médico, era tarde demais...

— Meu filho, meu filho!

Pranto convulsivo explodiu no rosto agitado da mulher em desespero.

— Perdoa-me, filhinho, perdoa-me! Eu não sabia... Oh, Deus meu!...

Mães da Terra: tende cuidado!

Vosso filho, vosso tesouro, vossa vida.

Nada mais importante do que esse fragmento de carne que alberga uma estrela de amor, que vos compete velar para o festival de luz do porvir.

17
SAUDADE E SOLUÇÃO

Não se conformava.

Solidão é penitenciária, dizia.

Desde que o esposo desencarnara, trancara-se nas paredes da revolta.

O segundo ano de viuvez infelicitava-lhe a existência.

Orava entre desesperada e rebelde.

Desejava rever o companheiro, abraçá-lo outra vez.

E como não o conseguia, expulsara do coração, egoisticamente ferido, o anjo da caridade...

Uma pobre tuberculosa que lhe traz um recém-nascido para cuidar recebe reprimenda e xingamentos...

— Desejo morrer, isto sim! Morrer para reencontrar o amor.

Fixada na saudade injustificável, lentamente se deixou enlear nas malhas de pertinaz obsessão suicida.

Numa noite de loucura, abraçada ao retrato do companheiro querido, ingeriu tóxico violento, deixando-se arrastar pelo caminho sem-fim da morte...

Mas não morreu!

Adicionando às próprias angústias as novas dores, deambulou tresloucada, anos a fio, até ser vencida pelo cansaço e o infortúnio.

Orou, então, como nunca o fizera antes.

Diáfana figura em forma de mulher socorreu-a.

Esclarecida quanto à própria desdita, indagou pelo esposo idolatrado.

— Retornou à Terra — respondeu a interpelada — para atender-lhe a saudade, no corpo do pequenino que fora repudiado, quando a mãe infeliz lhe buscara o socorro providencial...

O verdadeiro amor vence a morte e se desdobra infatigável, confiante e resignado.

Saudade insubmissa é grade de presídio e corredor de loucura.

João Custódio Machado

18

INFORMAÇÃO ESPÍRITA

Encontrava-se João Custódio Machado, o humilde missionário mineiro de Tupaciguara – a quem paralisia cruel impedira o normal desenvolvimento do corpo e vivia atado a especial carro-cadeira de rodas –, à porta de casa amiga, na cidade de Uberlândia, acompanhando o movimento da rua, quando dele se acercou um homem visivelmente embriagado que, ao vê-lo, foi acometido por compaixão, oferecendo-lhe uma cédula monetária de pequeno valor.

O obreiro espírita, lutador do "Ginásio Esperança", aceitou a oferta e agradeceu, comovido, enunciando: "Deus lhe pague!".

O ébrio se afastara, mas escutando aquelas palavras repassadas do sentimento da gratidão, retornou e disse:

— Tome outra nota. Você é o primeiro infeliz que me agradece alguma coisa.

Joãozinho, como era chamado, sorriu e esclareceu:

— Mas, meu irmão, eu não sou infeliz. Até agradeço a Deus por ser assim: deformado, enfermo...

E, ante a expectação do embriagado, que se apoiou à parede do lado para ouvi-lo melhor, ministrou oportuna lição de humildade e resignação hauridas do Espiritismo, de tal modo que conseguiu do irmão semidescontrolado a promessa de voltar em melhor condição depois, a fim de escutá-lo e beneficiar-se.

No dia imediato, sem que Custódio esperasse, apareceu-lhe o ébrio da véspera, pedindo-lhe auxílio para o vício da bebida e luz para o Espírito atribulado, tornando--se a cada novo dia seu amigo e, por fim, sincero adepto da Doutrina Cristã, após se libertar da obsessão alcoólica que o martirizava.

Pregar, informando pelo exemplo, com o poder incomparável do amor – eis a fórmula eficaz de difundir o Espiritismo que nos dignifica e liberta, testemunhando a excelência dos seus conceitos.

19

CONTENDA INÚTIL

—Gastarei quanto seja necessário. A calúnia não me atingirá, e o caluniador não ficará impune.

— O processo, entretanto, é complexo. Testemunhas, inquirições desagradáveis, vexames...

— Mas o meu lar foi ultrajado; meu nome foi atirado à lama. É necessário coibir tais abusos e para isso temos a lei.

— Todavia, embora não me recuse a aceitar a sua causa, a minha experiência diz que a compensação não satisfaz. Gasta-se muito tempo. Propagam-se referências infundadas, espalham-se mentiras...

— Dê início ao processo, por favor!

❖

Dia do julgamento.

Olhares injetados de cólera.

Expectativa.

Movimento forense.

Ódio falando entre dentes cerrados.

Justamente à hora do início da sessão, acometido de mal súbito, o agravado é retirado às pressas do recinto, falecendo minutos depois na própria *casa da justiça*.

❖

Observe como age.

Evite reagir.

Há muita ação que é apenas reação.

Lembre-se de Jesus e entregue a Ele as injustiças com que o agraciam os incautos.

Aproveite suas horas para as tarefas superiores do amor.

O ódio é força que só se extingue quando vitima quem o gera.

20
DOIS PESOS...

Não me toque!

— Então apresse passo.

— Você se arrependerá.

— Não faz mal.

— O senhor sabe de quem eu sou filho?

— Não! Não interessa. Sei somente que você foi pego enquanto furtava um automóvel, conduzindo nos bolsos da roupa vários *baseados de maconha*.

— Papai dará um jeito!

— Pior para ele e para você.

— Sou *de sociedade* e minha família me libertará.

— Antes, porém, você irá à delegacia e será devidamente fichado como ladrão e maconheiro.

❖

— Estou aflito, delegado! Que houve com meu filho? Ele é ainda uma criança... Tem apenas 17 anos! Ajude-me!

— Já resolvi a situação. Não deixei que prendessem o seu rapaz. Ele está no meu gabinete.

— Que apuro!...

— Não será nada. O senhor também é uma autoridade e procurei "abafar" o escândalo para lhe poupar o nome. Foi um soldado inspirado em honestidade descabida que *arranjou* essa situação... Imagine, se fôssemos prender todos os ladrões da cidade...

— Mas o meu filho não é um ladrão.

— Não me refiro a ele. O caso dele é influência de amigos.

— Muito obrigado, companheiro!

— Papai!...

— Meu filho! Graças a Deus tudo está solucionado!

❖

— Delegado, que farei com os outros moços?

— Passe-os nas chaves.

— O crime não é igual ao daquele que foi solto?

— É... mas esses não têm ninguém. São uns moleques desclassificados... E não me amole... Verifique antes quem é que você está pretendendo, para evitar-me aborrecimentos.

❖

Na Terra a autoridade é, muitas vezes, empréstimo difícil de ser mantido.

Há, entretanto, uma autoridade infalível: a que vem do Céu e da qual ninguém escapa.

Viva honradamente e a honra viverá com você.

21

INSTANTÂNEOS DO QUOTIDIANO

Não, doutor. Não posso assinar este documento.

— ?!

— Como o senhor sabe, temos que prestar contas aos nossos cooperadores e, além disso...

— Que insinua? Desconhecerá, porventura, que o processo para andar exige algumas pequenas despesas?

— O doutor fornecerá, então, os recibos referentes aos gastos e tudo estará solucionado. Afinal, a subvenção é de duzentos cruzeiros e essas "pequenas despesas" somam quase sessenta cruzeiros.

— É impossível... Ou o senhor se conforma, como os outros se submetem, ou...

— Não posso aceitar. Desculpe-me!

— Então, nada receberá.

— Muito obrigado!

— Esses espíritas!...

❖

— Desejo ajudá-lo, meu amigo, no belo programa da caridade a que você se dedica.

— Deus o abençoe!

— Anualmente, nossa firma reserva uma soma para fins humanitários. Exigimos, apenas, um recibo para necessária justificação e desconto do imposto de renda, esse usurpador...

— Perfeitamente!

— A sociedade chama-se...

— Centro Espírita...

— Tem personalidade jurídica?

— Sim, senhor!

— É reconhecida de utilidade pública?

— Sim, senhor!

— Aqui está o cheque. São cem cruzeiros e os nossos votos de muito êxito no seu abençoado programa. Naturalmente o senhor não se incomodará de nos fornecer um recibozinho de quinhentos cruzeiros, não é mesmo?

— Incomodo-me e recuso-me, sim, senhor.

— Bem, essa formalidade é imprescindível...

— Não posso! Infelizmente...

— Mas, todos aceitam. É uma coisa comum.

— Eu, porém, não posso concordar. Como o senhor não ignora, eu sou espírita.

— Em verdade, meu amigo, essa gente de Centro Espírita, embora com *boa aparência*, é mesmo maluca...

22

O ENTRAVE

A malta de Espíritos zombeteiros planejava os métodos de agressão à Doutrina Espírita entre os encarnados. Salientava um:

— Já que os espíritas pregam a humildade, experimentemo-los na virtude divulgada...

Gritava o outro:

— Semeemos a discórdia, habilmente dissimulada...

Sugeria um terceiro:

— Aflijamo-los com as tentações...

Terminadas as sugestões gerais, impertinente verdugo que se mantinha em silêncio opinou:

— A experiência me sugere que a melhor maneira de combater algo ou alguém é, a princípio, conhecer bem esse algo ou esse alguém...

Depois de ligeira pausa, arrematou:

— Tenho trabalhado no sentido de demonstrar que o Espiritismo não é religião. Recentemente, através de audacioso pregador invigilante, conduzi o assunto com habilidade e, pela sua boca, arrematei, definitivo: "Espiritismo é ciência e filosofia, não religião. Religião é cadáver representativo das velhas instituições superadas... Ser espírita não implica necessariamente ser abstêmio aos licores, antissocial, deixar de gozar a vida. Vivamos intensamente o século que nos faculta tantas concessões e abandonemos o pieguismo religioso...".

No dia seguinte – continuou o algoz –, convencido da "fala" do orador, o presidente do Centro Espírita local aderiu ao movimento *society*, redescobrindo o mundo e nele mergulhando feliz. Não há, como se pode depreender, nada mais eficaz do que a técnica de os confundir.

— Aprovado! – gritaram todos às gargalhadas.

— Aproveitemos!

23

A PROPOSTA

— Venho consultá-lo – falou com desmedida aflição – e, ao mesmo tempo, pedir-lhe socorro. Como você sabe, sou profundamente infeliz na minha vida conjugal, que me parece um fardo insuportável. Temo cometer um crime.

— Pense em Jesus. A claridade da fé destina-se à iluminação dos caminhos absconsos do Espírito. Quase todo enlace matrimonial significa compromisso do passado, em reajustamento do presente...

— Eu sei, eu sei. No entanto, a minha taça transborda... Encontrei alguém por cujo amor seria capaz de oferecer a própria existência. Alma querida de outra vida, reencontrei-a agora. Só agora... Todavia estou disposto a qualquer sacrifício, mesmo que seja o preço da deserção do lar, e, se necessário, o abandono dos filhos... Contudo, também amo a minha esposa. Amo-a de forma diferente...

— Se a ama, ajude-a. O verdadeiro amor conjugal é aquele que surge após as chamas do desejo, quando acalmado. O reencontro com a alma querida, tardiamente, significa necessidade de adiar a comunhão que agora não poderá lobrigar.

Não se podem hoje unir, por enquanto, porque não se merecem... Tudo quanto não temos é o que merecemos. Na complique mais o seu futuro, agindo na maturidade com a precipitação da adolescência.

— Sim, eu sei. Mas me ajude.

— Como poderei fazê-lo?

— Rogue aos Espíritos, você que os vê, para que eles, que me disseram sobre a minha missão a realizar na Terra, desencarnem a minha esposa, permitindo-me um matrimônio feliz com a outra e trazendo-ma de volta na condição de filha amada, para os meus braços afetuosos.

— Meu irmão!... Recomponha o siso. A sua missão, referida pelos Espíritos, deve ser aquela que a vida lhe impõe no momento: superar-se, amando o dever e renunciar à paixão física disfarçada de amor. Se você ama a jovem como diz, permita que ela seja feliz mais adiante e se felicite através da felicidade dela. Se fora o mesmo caso com a sua esposa... Reflita!

— É uma pena você não me poder ajudar, é uma pena!

❖

Este diálogo entre um jovem pregador da Doutrina Espírita e ambicioso militante dos próprios interesses, disfarçado em fervoroso profitente do Espiritismo, ocorrido após excelente exposição elucidativa do Evangelho de Jesus, traduz o estado de verdor de muitos Espíritos na Terra.

Creem-se missionários, no entanto, não tergiversam em propor negociatas ignóbeis ao Criador.

Acreditam na Imortalidade e na reencarnação e desejam benefícios imediatos.

Acautela-te da própria sandice e vigia as nascentes do coração, donde procedem muitos males.

24

LEVIANDADE E PUNIÇÃO

Este cão é uma fera! Disciplinei-o eu mesmo. Amestrei-o. Corrigi-lhe o faro. É meu amigo.

— E por que desenvolveu nele o instinto de ferocidade?

— Para defender-me dos vagabundos e ladrões. Nossa propriedade é valiosa e afastada da cidade.

— Mas um verdadeiro espírita entrega todos os pertences a Deus que, em última instância, é sempre o dono de tudo.

— Palavras, meu amigo, palavras. Ninguém é prejudicado pelas medidas de precaução. Creio em Deus, mas confio a minha casa ao mastim que amestrei.

❖

Demandando a propriedade rural em que residia, acidentou-se gravemente em plena noite. Cambaleante e ensanguentado, arrastando-se irreconhecível, abriu o portão de acesso à chácara e, logo atravessou o umbral, vigoroso cão investe e despedaça-o entre dentes e patas.

Gritos. Correrias.

Desfalecido e semimorto, os servos retiram do feroz animal o leviano amestrador de cães.

❖

Todos temos uma fera no domicílio carnal. Chama--se temperamento.

Muitos lhe desenvolvem a ferocidade cuidando de se defenderem. No entanto, a educação no sentido negativo agride, fere, destrói. Um dia, inesperadamente, volta-se contra o próprio cultivador e despedaça-lhe a vida.

"Orai e vigiai" – disse o Senhor.

Eduque a vontade, discipline o caráter e exercite o amor em favor de todos, corrigindo as tendências malévolas para que a paz entesoure os bens da alegria e da serenidade no seu coração.

25

AJUDA E SOCORRO

Motorista, leve-me urgente, por favor.
— Não posso. Vou deitar-me.
— Sou médico e estou a atender um chamado de urgência...
— Estou cansado. Vire-se por aí. O que não falta são veículos.
— Mas é tarde. Estamos perdendo tempo enquanto uma vida vai se diluindo. Será rápido, leve-me por favor...
— Ora essa. Era só o que me faltava aparecer. Não levo ninguém. Vou é dormir.

Irritado, o motorista acionou o motor, e o veículo saiu em disparada.

O apelo era feito pelo Dr. Júlio David, nobre facultativo baiano para atender um paciente no bairro das Quintas...

Chegando à casa que estava em alaridos e expectativas, o motorista, mal-humorado, defrontou-se com o filhinho de 5 anos em lamentável convulsão, semiasfixiado. Sem saber o que fazer, propôs colocá-lo no veículo para conduzi-lo ao pronto-socorro, quando outro carro estacionou à porta e um médico saltou apressado. Examinando o caso, identificou o "grande mal asmático". Aplicou imediatamente uma adrenalina no pequeno, ensejando reação orgânica que lhe permitiria conduzir o paciente ao nosocômio com possibilidades de salvação.

O motorista olhou o venerável senhor e baixou os olhos, envergonhado. Era o médico que ele se negara a trazer há pouco. O paciente referido era o seu próprio filho...

Controla a má vontade e vence as qualidades inferiores. O que negas a alguém te fará falta, agora ou depois. Reflexiona, portanto, vigilante, antes de reagir.

26
PLANO E AÇÃO

-A criança abandonada que alguém recolhe ao lar representa o futuro bandido que se arrancou dos braços do crime.

— Não adianta muito educar os nossos filhos, sem ajudar os pequeninos da rua que um dia, infelizes, conduzirão os nossos rebentos à irresponsabilidade e à insensatez.

— Façamos, então, algo por eles.

— Somos homens de negócios e de fé.

— Custar-nos-ia pouco.

— Idealizemos um lar para recolher esses infelizes.

— E quem tomaria conta?

— Remuneraríamos alguém.

— E se não der certo?

— Possivelmente dará.

— Não será precipitação nossa?

— Talvez...

— Adiemos por algum tempo, enquanto pensamos mais, delineando um programa de ação expressiva.

— Ótimo!

— Rogo compaixão e agasalho. Sou órfão, não tenho ninguém.

— Quantos anos você tem?

— Acho que... sete.

— A criança abandonada já foi motivo de preocupação minha e de alguns outros amigos.

— Então?

— Ainda não resolvemos.

— Sofro muito. Estou esfaimado...

— Volte aqui depois. Vou pensar...

— Mas não tenho onde dormir. Vivo nas praias...

— Então você é um "capitão de areia"?

— Não sei...

— Como? Vem importunar-me e nega-me a condição de molecagem?

— Não nego coisa alguma. Peço somente que alguém me receba, oferecendo-me um lar.

— Sugere que o coloque no meu lar? Molecote atrevido. Sai da minha porta antes que mande o empregado expulsá-lo... Hum!

Sempre existiram teorizantes apaixonados e retardatários. E, enquanto discutem planos fantásticos de serviço social, o socorro chega sempre atrasado ao coração infeliz.

27
RESTITUIÇÃO

Era solteirão inveterado.

Vivera sempre aferrado ao egoísmo, vítima de pertinaz usura, que o fazia enfermo do Espírito.

Acumulava moedas com volúpia, reunia valores, ajuntava tudo quanto pudesse ser convertido em dinheiro ou transformado em bens de garantia para o futuro.

Trajava-se miseravelmente, alimentava-se mal, conquanto possuísse expressivas somas em depósitos bancários e dominasse largo patrimônio imobiliário...

Temia o matrimônio.

Afastara-se dos familiares.

Acreditava-se cercado por ladrões que dizia persegui-lo.

Apesar da índole negativa e do temperamento calculista, afeiçoou-se pelo filho menor da lavadeira que lhe cuidava da roupa nauseabunda, uma que outra vez.

Desencarnou vitimado por peritonite violenta.

Deixou testamento legalizado.

No velório e no féretro, seus familiares, que se acreditavam aquinhoados pelos bens materiais, simularam compreensão e lágrimas...

Aberto e lido o documento, a criança maltrapilha e estranha fora transformada em herdeiro universal, logo atingisse a maioridade.

Exclamações dos circunstantes, revolta, maldições. Cumpria-se, porém, a lei.

O ladrão que no passado roubara, ficando na posse indébita do fruto do crime, não alcançado pela Justiça, reencarnou, reuniu os valores que desperdiçara anteriormente para os devolver, após demoradas penas, à vítima que reencarnara, tempos depois, também, para receber de volta o patrimônio que lhe fora tomado.

28

ENTUSIASMO E AÇÃO

Sou um apaixonado pelo *slogan*: "Fora da caridade não há salvação".

— A caridade é a alma da vida.

— Sem a caridade de Deus, que tudo vitaliza, o Sol não teria luz...

— ...Nem a Terra possuiria condição de habitabilidade.

Assim debatiam os dois jovens discípulos do Cristianismo conduzidos pelas mãos generosas da Doutrina Espírita.

❖

— Ajudem-me na minha grande miséria! Deem-me auxílio! Socorram-me!

— Mas tresandas a álcool. Sinto o cheiro de cachaça de longe...

— No entanto, preciso de socorro...

— Não. Não ajudamos a bêbados. Seria estimulá-los ao vício. É, em última análise, até falta de caridade.

❖

Espírita,

Caridade falada é adorno; verbalmente divulgada somente é lâmpada enfeitada sem luz que a vitalize. Só a caridade praticada em qualquer tempo e lugar é Jesus conosco.

Manuel Vianna de Carvalho

29
DOR E LENITIVO

Encontrava-se Manuel Vianna de Carvalho servindo ao Exército, na cidade de Aracaju, quando lhe adveio superlativa provação. Atônito e ainda embriagado pelo licor da juventude, recorreu a gentil casal espírita, rogando esclarecimento e ajuda para o dilema em que se encontrava. Enquanto expunha o drama cruel, seu genitor, então desencarnado, incorporou a esposa do amigo, falando-lhe, emocionado:

— Vianninha, meu filho: uma grande aflição exige tratamento de longo curso. Através dessa dor que lhe parece insuportável, Jesus convida o seu Espírito valoroso a estudar a Sua Doutrina de amor e redenção. Conheça o Galileu Incomparável, mergulhando a sua mente e os seus sentimentos na água lustral do Evangelho, e, logo de imediato, penetre-o através da visão clara e exuberante de Allan Kardec. Jesus espera por você, meu filho. Não recalcitre...

O verbo amoroso atendeu demoradamente a alma lanhada do futuro apóstolo da pregação espírita no Brasil. Quando terminou, nascia no homem alquebrado pela dor e pela incerteza o trabalhador infatigável do Espiritismo, escrevendo e falando, debatendo e explicando, abrindo casas espíritas e educandários por todo o território brasileiro, num testemunho superior de abnegação e renúncia, esquecido de si mesmo para servir, e rasgando rotas de segurança para os pés andarilhos da fé claudicante, no matagal das dificuldades humanas.

Se a dor te visita, não te amesquinhes. Levanta-te do impasse e serve mais. O serviço ao próximo é o melhor lenitivo para o próprio sofrimento. O Espiritismo é vínculo entre o homem e a vida, sob a inspiração de Jesus, o Herói da sepultura vazia.

30

MENINOS

O moço era ladrão.
Despontara na adolescência roubando.
Moleque de rua, fez-se bandido.

A mãe, infeliz, morava com a própria vergonha, longe da cidade.

Nunca soube o nome do pai.

Gostaria de tê-lo conhecido. Tê-lo-ia talvez amado.

Agora ia ser julgado.

À véspera, morrera-lhe a genitora, vitimada pelo horror e o desespero. Antes, porém, visitara-o na prisão punitiva.

❖

O acusador, arrebatado pela eloquência, verberava o procedimento do jovem, imprecando quanto à necessidade de medidas salutares na penalidade.

Aponta o ladrão. Todos o fitam. No entanto, ele é apenas um rapaz de alma doente...

Chora baixinho, pálido e triste.

A palavra da acusação vibra como um vendaval em canas espoucantes.

❖

O magistrado, porém, experiente e bom, apiada-se do moço. Dá-lhe outra oportunidade. Antes, todavia, o inquire:
— Você tem para onde ir?
— ...Não!
— Sua mãe?
— Morreu!...
Tudo muito simples.
Silêncio.
— Seu pai?
...
— Seu pai?
Com a mão nervosa, ergue, o quase menino, um dedo ossudo e longo e, depois de percorrer a sala do tribunal, com olhos úmidos, responde, transtornado:
– O homem rico a quem roubei. Disse-mo minha mãe que lhe servira o lar, durante anos. Informou-me antes de morrer...

❖

Ampare a frágil criança de hoje que se debate na rua. Cuide-lhe do caráter.
Menino de rua que hoje ninguém quer, será o infeliz que amanhã todos perseguirão.
Com muita justeza disse Jesus: "Deixai que venham a mim os pequeninos..." enquanto são meninos.

31
ORGULHO

–Não admito que me façam esperar! Afinal, sou uma autoridade médica respeitável.

— Mas, doutor, o senhor é espírita, e compreende...

— Sou espírita, mas não permito que me transformem em capacho. Exijo que me tratem com o respeito e a consideração que minha posição impõe.

— No entanto, os outros chegaram primeiro...

— Meu problema é urgente, e os Espíritos devem conhecê-lo. Tenho direito à preferência.

Era o doutor Sigesfredo quem assim questionava o humilde dirigente de sessão, enquanto aguardava ser atendido por Epaminondas, benfeitor desencarnado, que respondia a largo receituário em sala contígua.

Doutor Sigesfredo era psiquiatra eminente.
Sociável, brilhava na comunidade.
Desfrutava do respeito de todos.
Ditava moda.

Aconselhava.

Impunha diretrizes para o equilíbrio alheio.

No entanto, a neurastenia era sua companheira constante.

Sofria de eczema purulento nas pernas, escondido em gaze desinfetada sob tecidos custosos.

Só a esposa lhe conhecia o martírio secreto. A esposa e o seu médico.

Quando você defrontar um coração exigente a inflar de orgulho, compadeça-se e desculpe se o ofende. Talvez seja um enfermo que procura fugir ao próprio desrespeito orgânico.

Muitos orgulhosos de aparência saudável, posição invejável e títulos respeitáveis tudo dariam para se libertarem da aflição oculta em que se debatem.

Contemple-os e perdoe-os.

32

HOMEM DE FÉ

O temporal está ameaçador!
— Deus seguirá conosco.
— E a travessia da barca?
— Não temamos. Vimos de longe e a viagem está sendo coroada de êxito. Nada mais podemos recear.
— E haverá muita gente?
— Não importa! O essencial é que iremos pregar o Reino de Deus. Quanto mais dificuldades, tanto melhor.

❖

Chegada ao recinto espírita.
Casa vazia.
Algumas pessoas.
Humildes velhinhas, poucas crianças, quatro cavalheiros.
O convidado de honra e o amigo acompanhante.
São vinte horas. Falta o diretor da instituição.
Amaina o temporal.
A hora avança.
Alguém resolve ir buscá-lo no lar.

❖

— Sr. Severino, estamos aguardando.

— E vocês saíram com o temporal desta noite?

— Naturalmente! O senhor não fez um convite para um pregador que reside no Bangu?

— Mas supunha que ele não viesse. É tão longe!...

— Estamos esperando.

— Não, não irei. Estou muito cansado. Dê um jeito por lá. Comecem a sessão, tenho pavor de pegar uma pneumonia.

— Não ficará bem. O senhor é o presidente...

— Sim, mas nunca sairei de casa com uma noite destas. Que esperança!

33
FAVORAVELMENTE

—C ure-me. Ofereça-me a felicidade que preconiza, como normativa de libertação.

— Eis aqui o remédio, meu amigo. Experimente-o. É *O Livro dos Espíritos* que explica a razão de todos os sofrimentos humanos...

— Recuso-me a lê-lo. Se eu desejasse livros, iria a uma biblioteca, não estaria aqui, onde, dizem, pode-se oferecer lenitivo e cura a qualquer doença.

❖

Há muita gente que deseja medicação para a enfermidade e solução para os problemas que elaboram. No entanto, recusam-se a qualquer diretriz que incomode a preguiça habitual.

Outros há que rogam luz interior e fecham as portas da razão por onde penetram os raios da claridade libertadora.

❖

Educa-te, realizando.

Esquece o verbo "pedir" e conjuga os diversos modos e tempos do "realizar".

Em nós, somente nós mesmos.

Ninguém que esteja fora de fazer muito por quem se agasalha dentro das paredes espessas do "eu".

Cristão esclarecido opera favoravelmente, começando no íntimo o processo transformador que o capacita para a liberdade e a saúde.

34

JESUS E CONCEITOS

A neófita nas questões espíritas conseguiu a almejada entrevista com Tertuliano, o nobre mentor de respeitável núcleo de estudos doutrinários. Quando o benfeitor se ofereceu a atendê-la, pressurosa, a senhora relatou em tom queixoso:

— Encontro-me muito mal, meu amigo angélico.

— Jesus, porém, é o nosso medicamento eficaz. Busque-O.

– Sou fraca e as minhas forças se esvaem a olhos vistos. Preciso de ajuda.

— Jesus é a nossa fortaleza e segurança. Apoie-se n'Ele.

— Sinto-me sozinha e desfaleço de amargura. O corpo se nega a conduzir-me, e o Espírito se debate em desespero.

— Jesus, todavia, é o nosso Companheiro Invisível, mas sempre presente, nossa vitalidade, nosso amparo. Entregue-se, confiante.

— Sinto-me morrer... Necessito de ajuda.

— Jesus é Vida, e vida abundante, socorro permanente ao alcance do nosso querer. Deixe-se penetrar por Ele.

– Tenho, porém, medo da morte, meu irmão.

– Por que temer? Você não está falando com um morto? Pense na vida, no sol da esperança, na alegria do bem, no exercício da caridade e na canção gentil do amor, espraiando bênçãos em toda parte. E, se logo lhe advier a desencarnação, não se preocupe com as sombras; fixe-se na madrugada resplendente da Imortalidade e vá adiante.

Resmungando, em muxoxos, a consulente, com visível desconsolo, desabafou:

– Ora, Jesus por Jesus, eu tenho na igreja. Não viria a um centro espírita se não fosse para encontrar cura para o meu corpo e solução para os meus problemas. Jesus, eu já O tenho comigo...

35

O CAVALHEIRO

Considerado cavalheiro, fruía as concessões do prestígio social.

Magistrado austero, era o terror personificado na *casa da justiça*.

Respeitado, sua opinião gozava de alto conceito. Seus pareceres valiam expressivas somas.

Casado, construíra um lar de severidade moral.

Tornara-se invejado e temido.

Conquanto as aparências e as altas rodas sociais, era atormentado interiormente.

Severo em demasia para com os outros, permitia-se excessiva tolerância para a própria fraqueza: frequentava periodicamente discreto bordel.

O telefone soou no seu gabinete e uma voz nervosa falou-lhe com brevidade:

— Venha hoje doutor, à hora de costume. Uma nova cliente necessita de um cavalheiro respeitável que lhe faculte evadir-se desta cidade, mediante remuneração condigna... Lembrei-me do senhor e sei que V. Exa. não se arrependerá...

— Está bem. Como de costume...

— Justificou, no lar, a saída noturna e partiu em carro de aluguel.

Tinha as mãos úmidas e todo ele vibrava de emoções em desalinho.

Foi conduzido a reservado e confortável apartamento e ficou aguardando.

Logo mais, a anfitrioa trouxe pelo braço a jovem candidata à aventura – era sua filha mais velha.

Dentro da vida as linhas da Justiça.

Severidade conosco e tolerância para com todos, é a Lei do Cristo.

Tudo quanto fazemos, produzimos para uso próprio, hoje ou mais tarde.

36
CASA DE PEDRAS

O Centro Espírita no subúrbio carioca regurgitava. A casa modesta, à cunha, recordava o lar amigo de Simão Pedro, quando o Amigo Divino reunia os corações para o banquete de luz do Evangelho nascente. Velhinhas humildes e emocionadas, trabalhadores exaustos do labor do dia e exultantes, crianças gárrulas em algaravia, um pobre bêbado em modorra, alguns corações angustiados, vários obsidiados em tratamento e convidados de aparência distinta, formando uma paisagem de corações ansiosos pela palavra da vida.

O verbo escorre dos lábios da alma do expositor, e muitas lágrimas aljofram olhos e rompem comportas, refazentes, consoladoras. A festa do Evangelho esparze esperanças, desde há muito aguardadas, e convites de amor que parecem impossíveis. Estranha luminosidade dulcificadora lenifica os Espíritos, e estranha emoção permanece após a prece em canto de exaltação a Jesus.

Terminados os labores santificantes da sementeira de luz e vida, a diretoria, ainda emocionada, reúne-se, convida o mensageiro da palavra e expõe:

— Como o irmão vê, estamos necessitados de ampliar as nossas instalações, que são insuficientes para o povo que acorre aflito. Gostaríamos de pedir ao irmão que nos visse as plantas já aprovadas para o trabalho que pretendemos encetar logo mais. Será um prédio de amplas proporções, com acomodação confortável, em condições de poder atender a todos os que nos busquem. Faremos instalações de...

— E aqui, a casa está atendendo bem?

— Sim, sim. Porém, está pequena.

— No entanto, rescende o odor evangélico, que lentamente vem desaparecendo de muitos lugares reservados ao culto da Fé Viva... Um prédio como o que os irmãos têm em vista é muito interessante. Mas os doentes, os obsidiados, os que não se podem vestir com distinção, os ébrios de comportamento irregular onde frequentarão? Sentir-se-ão à vontade, como ocorre aqui?

— Bem, não sabemos. Mas necessitamos de ter um templo espírita à altura da Doutrina. Tem havido adesão de muita "gente direita" e, como você sabe...

— Lembro-me, todavia, de que Jesus veio para aqueles que não eram considerados... As "pessoas direitas" já têm aonde ir, e os outros?

— É, mas...

— Não nos iludamos: Jesus não construiu casas de pedra. Ergueu um templo em cada coração e deu oportunidade igualmente a todos os companheiros. Quem tiver necessidade da Revelação Espírita irá a qualquer lugar enobrecido por ela e se banqueteará fartamente. O essencial é que construamos o Espiritismo na alma do povo. As casas, o tempo derrubará; no entanto, a construção de amor que se consiga em cada alma prosseguirá indefinidamente vencendo os evos.... Foi por ocasião das construções monumentais dos templos que o Cristianismo feneceu, corrompendo a Mensagem, perdendo vitalidade... Se me fora dado opinar, conforme me solicitam, dir-lhes-ia, irmãos bondosos: ampliem, sim, as instalações, mantendo, porém, as linhas da simplicidade, sem luxo, sem excessos. Jesus é a lição viva da simplicidade por excelência...

Emocionados, todos renderam graças, e quando atravessaram a sala simples, agora vazia e acolhedora, sentia-se que aquele reduto era o pouso de ação benemérita e descanso dos Espíritos felizes.

Manoel Philomeno de Miranda

37

A INFORMAÇÃO MALEDICENTE

Manoel Philomeno de Miranda, que na União Espírita Baiana foi continuador da obra de José Petitinga, encontrava-se em reunião de Diretoria, na veneranda Entidade, à época sob sua orientação, quando um amigo bem-intencionado, porém, maledicente, o interpelou:

— Miranda, por que você não reage às informações injustas que vêm sendo veiculadas a seu respeito?

— Felizmente, não me encontro informado sobre o assunto.

— Então, permita-me contar-lhe com todos os detalhes o que vem ocorrendo.

— Não, meu amigo. Prefiro continuar a ignorar tudo.

— Mas você necessita estar notificado, porque, de qualquer forma, esses assuntos terminam por ferir a sua honra e você deve defender-se.

— Concordo plenamente com você, no entanto, estou muito atarefado para me preocupar com essas questões.

— Mas, Miranda, e a sua honra?

— Como você não ignora, o defensor da nossa honra é Jesus. Se a nossa conduta diária, vazada na fidelidade às diretrizes espíritas esposadas, não é capaz de dizer aos próprios irmãos na fé o que somos e o que em realidade significamos, não serão nossas palavras, por mais eloquentes, que conseguirão modificar o nosso conceito junto àqueles que não nos conhecem.

Dando o assunto por encerrado, continuou tranquilamente o estudo das questões em pauta, desviando a astúcia da informação infeliz, que em muitos lugares e pessoas tem sido causa de destruição de nobres ideais e de edificações relevantes.

38
APARÊNCIAS

Profligava o uso da carne.

Invectivava, severo, quanto à necessidade do regime vegetariano.

Expunha sobre as desvantagens decorrentes de alimentos animais.

Asseverava que tal regime brutaliza, abastarda.

O homem deve amar seus irmãos inferiores, respeitá-los, dar-lhes direito a viver.

Não é necessário que, para que uns sobrevivam, proceda-se à matança ou a qualquer carnificina criminosa. A mesa rica de pão, frutos, legumes ou outros repastos, é a mesa do cristão – clamava.

Dizia-se frugal, exigia-se considerações: era vegetariano...

Usava, no entanto, inúteis artefatos de couro e era sexólatra atormentado e infeliz.

❖

No cultivo da virtude, seja prudente, realize a sua transformação moral de dentro para fora sem testemunhas, senão a própria consciência.

Mantenha o comedimento em tudo, em qualquer lugar, sempre.

A discrição como o equilíbrio são medidas salutares que atestam a excelência da sua convicção.

39

A CONFERÊNCIA

O salão do templo espírita estava repleto.
Nenhum lugar vago.
Quase uma centena de pessoas de pé.
Algazarra.
Ansiedade.
Surge o esperado expositor das Verdades eternas.
Emoção.
Prece de abertura.
Pregação.
A palavra fluente escorre dos lábios a serviço do Cristo, qual licor precioso contido no corpo da uva madura.
Soluços.
Alguém se lamenta, e chora, e soluça...
Leve agitação na assistência.
Reprimendas com o olhar.
Psius – com os lábios levemente entreabertos.
O verbo continua a derramar-se adocicado, encorajador, balsamizante...
Jesus, no Gólgota, à hora derradeira, é o tema central.

Ele e a Sua solidão. Abandonado por todos os amigos... Alguém se levanta e pede à sofredora que provoca ruído, que se afaste. Está perturbando a oração.

Ela fala, atormentada:

— Se me expulsam da Casa de Jesus, para onde irei?

A indagação vibra na sala expectante, referta.

O orador, inspirado, prossegue:

— Deus fez as noites escuras, mas recamou-as de estrelas, como adornou os dedos nas roseiras espinhosas de perfumadas e belas rosas. Ninguém está desamparado...

O templo espírita é o colo da caridade atendendo a dor do mundo.

Deixemos, pois, sem receio, que a dor aí procure auxílio e ajudemos com a caridade da oração, se nada mais possuirmos para oferecer.

40

PROPRIEDADE

O tema comovia o auditório!
— A verdadeira propriedade – expunha, brilhante –
são os nossos títulos de homem de bem, zelosos no culto do dever, retos no comportamento íntimo. Toda propriedade é transitória: passam e mudam de mãos; nada nos pertence. Tudo a Deus retorna, pois que de Deus procede.

Aplausos, ovação...

Encerrada a conferência, o eminente orador foi convidado por abastado senhor para que o visitasse na sua vivenda formosa, em pitoresco sítio do subúrbio citadino.

— Aqui está a minha casa – elucidou o magnata das finanças –, conseguida com o dinheiro que armazenei nos meus negócios. Minhas pastagens engordam o meu gado; meus rebanhos procedem da Índia: gado de raça! Meus automóveis são importados, meus móveis vieram de nobres ancestrais que se perdem nos primeiros dias da colonização portuguesa no Brasil, meus tapetes vieram da Pérsia. Sim, meu amigo, tudo quanto os seus olhos alcançam neste horizonte é meu: comprei-o com o meu dinheiro!

— Parabenizo o senhor!...

— Responda-me, agora: isto tudo quanto você vê e cuja posse eu tenho documentos comprobatórios, é meu ou não é meu?

— Doutor, faça-me esta pergunta dentro de 80 anos.

❖

Não se considere dono de coisa alguma. Usufrutuários da oportunidade transitória, do bem passageiro, todos o somos.

A verdadeira propriedade, sim, é aquele bem intransferível que adicionamos ao patrimônio das aquisições espirituais, inamovíveis, indestrutíveis. Tudo é transitório. O modo de pensar, os conceitos adotados, a organização física, a terra, o nosso infinito-finito são passageiros e não nos pertencem. Tudo pertencendo somente a Deus, Senhor que é de tudo, mordomos nos transformamos, temporariamente, daquilo que nos passa pelas mãos.

41
PRAZER FUGAZ

-P oderia ser-lhe útil?
— Não. Estou muito bem!
— O caminhão é possante e, atando-se um cabo ao para-choques, poderei retirá-lo do atoleiro, sem dificuldade.
— Atoleiro?
— Sim. Seu carro não está tombado aí na vala da estrada, totalmente atolado?
— O senhor está sonhando. Tudo está em ordem. Estou na garagem da minha casa. Vá-se embora...
— Bêbado!

Há muita embriaguez dominando o homem. Ébrio de luxúria, cobiça, ambição e futilidade, ei-lo atolado na vala da ilusão.

De olhos injetados, ele encontra-se em torpor, hipnotizado num lar de fantasia.

Nega-se a qualquer socorro.

Insiste na visão mirabolante.

É rude na autodefesa e nela se compraz, chafurdando-se na lama viscosa em que sucumbe para despertar, mais tarde, em loucura violenta, algemado à insatisfação.

❖

Quanto esteja ao seu alcance, busque a verdade, muito embora você acompanhe a morte das suas fantasias. Vale tudo perder no vale sombrio para tudo ganhar na montanha clara de horizonte visual infinito, onde você experimentará, na glória da Imortalidade, a vitória do amor e do bem.

42

O AVISO

A palma das mãos arroxeara subitamente.
Notara-o de improviso.
Os dedos pareciam marcados por hematomas horríveis.
Sensações estranhas, de quando em quando, sacudiam o corpo.

A crente espírita acreditou-se a um passo da desencarnação.

Chamado o médico, em caráter de urgência, este constatou a própria estranheza ante os sintomas narrados pela enferma. No entanto, procedeu a exames, receitou...

Medicada, a doente consultou a consciência. Releu páginas do Evangelho, meditou...

Não desejava morrer. Todavia, já que a morte a espreitava, seria mais prudente preparar-se para recebê-la.

Arrumou-se. Fez relatórios. Organizou tudo. Orou...

Mas não morreu.

As manchas horripilantes não passavam de nódoas de um humilde jenipapo que fora descascado para refresco saboroso e completamente esquecido.

❖

Muitas vezes um humilde fruto, deixando-nos nódoas nas mãos, consegue mais do que muitas advertências verbalistas.

Fiquemos atentos!

Nem sempre a desencarnação que nos aguarda, seguindo conosco, envia avisos que tais.

43
EMOÇÃO E REALIDADE

Dialogavam:

— Pretendo oferecer os meus dias finais à obra de amor, em favor das criancinhas órfãs. O meu grande ideal na vida sempre foi o de ser útil a uma instituição que guardasse essas avezitas da Humanidade.

— Deus lhe abençoe as intenções! Compete-me, entretanto, adverti-la de que não será um empreendimento fácil. A criança é material muito difícil de ser trabalhado.

— Eu sei... Eu sei... Todavia, posso afirmar: sou muito paciente! Cuidei, durante vários anos, de sobrinhos meus. A criança é o meu sonho de felicidade. Meu coração é todo amor para essas benditas flores da vida em pleno desabrochar.

— Os parentes têm os títulos do sangue a nos exigirem servidão. Os estranhos, no entanto...

— Compreendo. Mas, sou cristã convicta. À hora da dificuldade, saberei orar. Experimentarei. Quero trabalhar por amor. Sofrerei, se necessário, com resignação.

❖

Dois meses depois.

— Quem aguenta esses pequenos *demônios*? Mal-educados, perversos... Parecem trazer no Espírito o gérmen da maldade. São Espíritos maus, não é possível. Só o fato de terem sido abandonados traduz o tipo de almas que são.

— Não o diga! Jesus nasceu numa estrebaria, abandonado pelas gentilezas do mundo e morreu numa cruz, solitário...

— Não ficarei mais aqui, um minuto sequer. Quero servir e não morrer. Procurarei outra coisa, outra instituição, outro lugar. Não suporto mais. Já os odeio intimamente. Estou exausta...

— Deus lhe abençoe as intenções! Vá em paz.

Ninguém te pede títulos de santificação na esfera do trabalho cristão. Todavia, não te iludas. Quem deseja servir, servindo-se, está sempre aturdido com a incompreensão dos outros.

O servidor real não se queixa nem reclama. Ajuda sempre.

A legião de queixosos é infinita. Suas vozes se avolumam e promovem pânico.

O Evangelho, por isso mesmo, necessita de quem esteja disposto a servir sem exigência, em memória do Esteta da renúncia total, por amor.

44
EM SILÊNCIO

Há muito ruído no mundo.
Tumulto na multidão.
Zoada nas ruas.
Barulho no trabalho.
Vozerio no lar.
Sons desordenados, movimento incessante produzindo inquietação e loucura.
Em todo lugar a correria infrene.
Desespero clamado.
Maldição gritando.
Angústia chorando.
Pela boca da aflição gemem os homens.
Há muito ruído nos corações...

❖

Faça silêncio na sua alma.
Silêncio em torno dos seus passos.
Quietação em volta das suas atividades.
Tranquilidade em seu coração.

Apague todos os ruídos com o *veludo* da paz: ruídos internos e não apenas sons externos.

No imenso sossego de espírito, você escutará a voz do Cristo falando com você, vibrando no seu ser.

Abra a concha acústica da alma e, como Lázaro, você ouvirá o chamado para a Vida, saindo, lentamente, do cárcere da *morte,* em cujo tumulto e perturbação você, por enquanto, reside.

45

DISCUSSÃO

-L amentavelmente, a alma não tem existência real.
— Tudo, porém, o contradiz.
— A matéria desorganiza-se no túmulo, e, com ela, a vida.
— A alma perdura.
— Os sábios negam.
— Outros atestam.
— Ficamos, então, no mesmo.
— Aguardemos! A morte nos buscará a todos, e então...
— Esperarei! Não creio em nada. Sou ateu; nem ao menos creio em Deus.
— Não importa, meu amigo. Talvez você esteja mesmo à toa. Embora você não creia em Deus, Ele crê em você.

46

ROTEIRO

-Sonhei com um tesouro. Sonhei que o senhor é médium espírita...

— E que tem a ver o Espiritismo com tesouros?

— Far-me-ei compreender. Sou sobrinho-bisneto do visconde de Itaparica e desejava evocar-lhe o Espírito, para que me informasse com precisão o lugar, na ilha, onde se encontra enterrado o panelão de moedas de ouro antigo.

— Mas isto é impossível! Além de ser um pedido absurdo, é, também, antidoutrinário. Os médiuns não evocam os Espíritos. Aliás, diga-se de passagem, os Espíritos, sim, são os evocadores dos médiuns.

— Estou muito confiante. Várias pessoas me garantiram a excelência dos seus "dons", asseveraram-me quanto à fidelidade das suas faculdades, não tenho receio. O que o senhor disser, farei. Voltarei depois...

— Pensei sobre o seu problema. Orei e meditei, constatando, de fato, possuir o roteiro para descobrir um grande tesouro.

— Então? Dir-me-á?

— Certamente. Aqui o tem.

— Um livro?

— Sim. Leia-o. É *O Evangelho segundo o Espiritismo*, a diretriz segura que conduz aos tesouros incalculáveis da Vida Imperecível.

47

OBSERVAÇÃO

—Rogo clemência para ele.
— No entanto, está incurso na lei.
— Não o nego.
— É um malfeitor!
— Ele é, todavia, tão moço!...
— Apesar disso, é uma ameaça à sociedade.
— Eu sei... Eu sei...
— Somente peço misericórdia, e não perdão.
— E quem é a senhora?
— Sou a mãe dele... Ele é meu único filho!

Cada coração espera justiça através do ângulo da visão pessoal.

Quem ama, roga piedade.

Quem julga, examina os fatos.

Abstém-te de precipitar pareceres.

Quando sejas defrontado pela dificuldade ante pronunciamento a exarar, ora e roga inspiração superior. Abre o Evangelho e, considerando o bem de todos, age com imparcialidade, de consciência tranquila.

48
LIÇÃO PRECIOSA

Famoso, sua palavra nas sessões era franca e desataviada.

— Desincorpore, meu irmão, e não nos perturbe a paz.

— Desejo ajudar.

— Retire-se do médium, eu ordeno.

— Deixe-me falar, pelo amor de Deus!

— Não é sua hora. Aqui não atendemos a Espíritos perturbados. Saia!

— Conquanto sofra, desejo ajudar. Tenho uma mensagem...

— Não nos interessa. Somente os Espíritos elevados podem aqui falar. Desligue, eu ordeno!...

— Acalme-se, Felisberto, eu venho em nome da paz. Embora considerada como perturbada, sou o Espírito da sua mãe, que sofre por sua leviandade, acompanhando, dorida, sua desconsideração para com a verdade, a fé que você diz professar. Abandone a soberbia, meu filho, antes que a presunção o deixe aniquilado... Fale sobre os Espíritos da luz e os imite. Apiade-se dos desencarnados infelizes e se corrija, você que é um Espírito mourejando em campo no qual semeia mentiras e enganos com que se perturba e desorganiza o seu porvir. Ore, aja corretamente, meu filho, e não finja mais...

Suando em bagas, o ardoso e leviano doutrinador dos Espíritos fitou o médium com azeda carantonha e ralhou entre dentes:

— Animismo doentio... Mamãe sempre foi um anjo de amor e jamais faria isto, mesmo que eu o merecesse...

E saiu encolerizado, prometendo não retornar.

Recomendam os mensageiros excelsos que sempre devemos tomar as instruções dos Espíritos superiores para a nossa melhora íntima.

Todo aquele que *conversa* ou *doutrina* os Espíritos, utilize a valiosa oportunidade que desfruta e, responsável, viva conforme ensina.

Élfego Nazário Gomes

49
HUMILDADE

Concluíra Élfego Nazário Gomes – o nobre irmão Fêgo, como era mais conhecido, em todo o Sergipe – os estudos evangélicos na humilde choupana transformada em Centro Espírita e se dispunha a atender aos inúmeros sofredores que lhe vinham buscar os abençoados recursos do passe e da palavra iluminada, quando estacionou à porta luzido automóvel último modelo e de preço elevado. Dele saltaram duas senhoras e um cavalheiro visivelmente perturbado. Após informar-se de quem seria o irmão Fêgo, a dama representativa da sociedade de largos recursos financeiros aproximou-se do trabalhador espírita, e indagou, algo conturbada:

— Mas, é o senhor o irmão Fêgo? Que pena! É apenas um negro!

Havia no desabafo azedume e desprezo.

O apóstolo do Cristo, humilde, percebendo que a senhora também se encontrava em desconforto moral e possivelmente anatematizada por Espíritos desditosos, sorriu, sereno, e retrucou:

— Não sou totalmente negro, minha irmã. Tenho dentes muito alvos... Mas o que importa aqui não é a cor da pele e sim a da aura... Traga o doente para o socorro do passe e venha a senhora também...

Surpreendida pela franca lição de amor e humildade, a visitante apresentou o esposo obsidiado que, após o concurso da caridade, logo demonstrou melhoras, e ela mesma, assistida pela palavra simples e luminosa do trabalhador, afastou-se, renovando os conceitos até então esposados, tornando-se espírita mais tarde e fazendo-se devotada amiga do seareiro da luz.

Diante dos que padecem, nada esperes.

Abre os braços do amor e alberga-os nos tecidos da misericórdia, em nome de Jesus.

Não pretendas o que Ele não desejou conseguir.

E seja quais forem as circunstâncias em que te encontres servindo, ferindo ou humilhado – serve mais.

50

SERENAMENTE

Crucificado, Ele é a mensagem viva da Imortalidade. Não é um triunfador caído no desagrado popular. Nem um bandoleiro comum recebendo punição. Não exprime a prepotência dos vencedores. Nem a perturbação dos vencidos. "Eis o homem" – informara Pilatos ao povo amotinado. Nenhum título que o designasse com honra. Nenhuma afronta que o distinguisse com ultraje. Era o Homem Integral.

Intérprete do Pai Celeste, fizera-se o roteiro seguro para a libertação de todas as criaturas.

Mensageiro da Vida, deixara-se conduzir ao suplício sem reclamação.

E, pregado à cruz, é a tranquilidade serena do vencedor de si mesmo.

O mundo estivera aos Seus pés.

A multidão carregara-O em triunfo.

Sabia-se o Enviado Divino, mas tudo superara, vencendo as solicitações de toda ordem.

Não se prosternara ante os poderosos da Terra.

Nem mesmo recorrera à justiça comum.

Sabia-se Instrumento do Pai Amorável e submetia-se à Sublime Vontade.

Sereno, desafiou as forças conjugadas do mal, milenarmente organizadas nos bastidores das ambições humanas.

E crucificado é, até hoje, a divina epopeia com que o Seu Amor desafia a Humanidade inteira.

Quando as tuas dores chegaram ao clímax, transformando róseas esperanças em províncias de angústia punitiva e experimentares, na própria carne, aflição e abandono, recorda-te d'Ele, confiando serenamente n'Aquele que é o Pai de nós todos, deixando-te conduzir pelas sublimes diretrizes do Seu Amor em elaboração da nossa felicidade.